ÉLOGE

DE

M. L'ABBÉ POULLET,

Vicaire-général de Beauvais,

LICENCIÉ ÈS-LETTRES, DOCTEUR ÈS-SCIENCES DE LA FACULTÉ DE PARIS,

SUPÉRIEUR DE L'INSTITUTION SAINT-VINCENT, A SENLIS,

MORT LE 27 SEPTEMBRE 1846.

DISCOURS

PRONONCÉ A LA DISTRIBUTION DES PRIX DE L'INSTITUTION,

LE 12 AOUT 1847,

Par M. l'abbé MAGNE,

Professeur de Philosophie et Directeur des Études.

SENLIS

IMPRIMERIE ET LITHOGRAPHIE DE CH. DURIEZ,

5 BIS, RUE NEUVE-DE-PARIS.

1847.

ÉLOGE

DE

M. L'ABBÉ POULLET.

Monseigneur, Messieurs,

Au milieu de cet appareil de fête, devant ces couronnes attendues par tant et de si impatients désirs, nous voudrions bien n'avoir à adresser que des félicitations aux vainqueurs, aux vaincus des consolations, aux uns et aux autres quelques paroles d'encouragement et de conseil. Mais d'autres pensées préoccupent notre esprit, d'autres sentiments remplissent nos cœurs; vous-mêmes, en entendant dans cette solennité une voix inconnue, vous vous rappelez d'abord la perte cruelle que nous avons faite. Aussi, nous est-il impossible aujourd'hui de ne pas vous parler de M. Poullet, de cet homme que ses vertus, sa science et son dévoûment à l'éducation de la jeunesse avaient placé si haut dans votre estime et dans votre affection.

Le temps n'a pas affaibli notre douleur, Messieurs, et nous avons besoin de nous consoler avec vous, en payant à sa mémoire le tribut qu'il a droit d'attendre de notre reconnaissante amitié, et qui, pour nous, est un devoir de piété filiale.

Et cependant, Messieurs, qu'il me soit permis de le dire avant tout, s'il est des consolations pour de pareils malheurs, elles ne nous ont pas fait défaut. Ce n'est pas à nous qu'il appartient de vous parler de celui qu'une haute confiance a appelé à recueillir l'héritage de M. Poullet ; son éloge ne paraîtrait peut-être pas assez désintéressé dans notre bouche; mais il nous est bien permis de remercier les familles qui, loin de désespérer de nous ont soutenu notre courage par la persévérance de leurs sympathies, ces respectables magistrats de l'arrondissement et de la cité, auprès desquels nous avons toujours trouvé la même bienveillance et le même appui, tous ceux enfin qui, en prenant une part si vive à notre douleur, en ont adouci l'amertume.

Pour vous, Monseigneur, vous avez voulu, comme nous et avec nous, en porter tout le poids ; aussi votre présence nous est-elle aujourd'hui plus chère et plus précieuse que jamais. Si nous y trouvons un nouveau gage de l'intérêt tout paternel que vous portez à une maison qui est votre œuvre plus que la nôtre encore, les familles sont heureuses d'y voir une garantie de prospérité pour un établissement auquel elles ont confié leur bonheur et leurs espérances. Vous parler de M. Poullet, c'est vous rappeler à la fois un ami dévoué et un prêtre illustre ; c'est pour moi un double titre à votre bienveillante indulgence.

M. Poullet (Pierre-Antoine-Félix-Emmanuel) naquit à Boufflers-Crillon, près de Beauvais, le 10 janvier 1810. L'humble condition de ses parents (nous pouvons bien le dire ici, lui-même n'en fit jamais un mystère) ne permettait pas d'espérer pour lui une autre éducation que celle qu'on donne, dans les écoles de village, aux enfants pauvres de nos campagnes ; et cependant, même dans ces premiers essais, que nous ne voulons pas appeler des études, l'écolier de Crillon se faisait remarquer par la curiosité et la pénétration de son esprit. Aussi fut-il capable, à l'âge de cinq ans, de remplir les modestes fonctions que le prêtre de nos campagnes réserve dans son église aux plus intelligents des enfants qui fréquentent l'école. Grâce aux soins éclairés et à l'affection toute paternelle du respectable curé de Crillon, quelques années après, il fut admis comme élève de cinquième au collége de Beauvais. Ce fut au mois d'octobre 1820 que commença pour le jeune enfant cette vie du collége, d'où devaient dépendre ses destinées futures. C'est là, en effet, que son intelligence allait se développer dans une suite d'études sérieuses et sagement ordonnées; épreuve difficile à laquelle ne résistent pas toujours ces enfants qu'on appelle précoces, et dont l'esprit ne jette quelque éclat qu'à la condition de s'exercer sur des objets frivoles et de peu de portée; c'est par la lutte seulement et par la concurrence que se révèlent les forces de l'enfant comme celles de l'homme. Au collége, encore, on devait former son caractère. Dans la vie de famille, toujours facile, Messieurs, même quand elle n'est pas embellie des dons de la fortune, l'enfant rencontre peu de difficultés, et lorsqu'il en triomphe, son énergie personnelle, aidée par trop de secours, ne peut réclamer qu'une bien faible part dans la victoire; au collége, au contraire, une série d'exercices peu agréables en eux-mêmes, lors même que la raison en démontre la nécessité et les avantages, des rapports de tous les moments avec les caractères les plus opposés, communiquent à l'âme cette fermeté virile, à la volonté cette force morale, qui seront toujours les plus précieux résultats de l'éducation publique.

La plupart des enfants, lorsqu'ils franchissent le seuil du collége, ne se préoccupent guère de ces graves pensées, et notre écolier ne savait pas plus que les autres ce qu'il venait chercher dans cette vie, dont il n'avait pas encore fait l'expérience. Il l'aimait d'avance, comme on aime toujours à cet âge quelque chose de nouveau, et aussi parce que instinctivement il devinait plutôt qu'il ne comprenait les avantages qu'il devait en retirer. A peine son intelligence fut-elle mise en rapport avec les grands écrivains de l'antiquité, qu'il sentit naître en lui l'amour *du beau*, cette seconde religion des âmes nobles et élevées, qui resta pendant toute sa vie le caractère distinctif de son goût. Et si, devançant les évènements, je voulais vous montrer dès maintenant ce que doit produire cette étincelle que l'étude a déposée dans son âme, nous devrions suivre M. Poullet étudiant les sciences naturelles, pour demander aux œuvres de Dieu une expression plus parfaite et plus complète *du beau;* traversant la mer pour aller recueillir dans l'Italie, à Rome surtout, les jouissances que sa foi de prêtre et son goût d'artiste lui promettaient sur cette terre qui a reçu la double consécration de la religion et du génie. Et comme si les richesses de notre monde ne pouvaient suffire à la dévorante activité de son esprit, un jour il ira chercher sur le sol antique de l'Afrique de nouvelles impressions, de nouvelles connaissances. Fatal voyage, hélas ! auquel nous ne pardonnerons jamais d'avoir brisé d'une manière si cruelle tant d'affections et tant d'espérances !

A l'époque dont nous parlons maintenant, Homère, Virgile, Bossuet, Racine et les autres auteurs classiques suffisaient au jeune élève ; et nous savons, par les confidences que l'amitié arrachait parfois à sa modestie, que dès l'âge de treize et de quatorze ans, il éprouvait un singulier bonheur à lire et à relire les plus beaux passages de ces grands écrivains. Il les comprenait, il les goûtait, il aimait à les apprendre par cœur ; et sa mémoire heureuse avait fidèlement conservé jusqu'à la mort ces richesses précoces qui contribuèrent tant à former son talent.

Il semblerait au premier abord qu'un développement si rapide et des qualités si extraordinaires, en lui assurant une supériorité incontestable, devaient exercer une fâcheuse influence sur son caractère. Trop souvent, en effet, l'esprit nuit au cœur ; mais vous savez, Messieurs, si le mérite de M. Poullet fut jamais importun ? Tous vous avez vu avec quelle aimable simplicité il savait, dans un âge plus avancé, compatir à tous les genres de faiblesse, avec quelle indulgence il trouvait une parole d'excuse pour toutes les fautes, et vous comprendrez sans peine qu'aux premiers jours de son adolescence, il n'ait jamais abusé de son talent au profit de son amour-propre, contre des condisciples moins heureux. Son jugement lui faisait comprendre tout le ridicule d'un tel défaut, et d'ailleurs la piété, dont il avait appris les éléments à l'école de son premier maître, et que les habitudes religieuses du collége avaient fortifiée dans son âme, aurait suffi pour l'en préserver ; que, dans certains moments d'impatience, sa vivacité naturelle se trahît par quelques paroles un peu moins agréables ; si c'est là un reproche, nous l'accepterons pour sa mémoire ; mais tous ceux qui l'ont connu aux diverses époques de sa vie savent comment il était parvenu à réprimer cette tendance naturelle de son esprit, dont la promptitude eût été admirablement servie, s'il l'avait voulu, par un rare bonheur d'exprespressions spirituelles et piquantes. Aussi, lorsqu'à la fin de l'année scolaire ses condisciples avaient à désigner ceux d'entr'eux dont la *sagesse* devait être recompensée, leurs suffrages allaient en grand nombre chercher le jeune Poullet. Touchant hommage qui, plus d'une fois, a mêlé sur son front, aux couronnes de la science, celles plus précieuses encore que mérite toujours la vertu.

C'est un moment solennel dans la vie du jeune homme, que celui où il quitte le collége, pour aller prendre une place quelconque dans les rangs de plus en plus serrés de la société. M. Poullet avait quinze ans lorsque se terminèrent ses études. A cet âge, les vocations peuvent bien ne pas être incertaines, mais à coup sûr, il est difficile qu'elles soient le résultat de sérieuses réflexions. Le jeune rhétoricien entra cependant sans hésitation aucune au grand séminaire de Beauvais. Jusques-là, il s'était abandonné spontanément et sans réflexion à toutes les inspirations d'une nature élevée, que la piété avait préservée de toute atteinte funeste. Mais le calme ne dure pas toujours dans la vie du jeune homme ; ceux même dont la vertu a su imposer silence aux passions mauvaises et qui, comme M. Poullet, trouvent dans des habitudes innocentes et pures la paix du cœur, ne sont pas toujours à l'abri des agitations de l'esprit. Il y a des instants de crise que tous semblent fatalement condamnés à traverser, comme si l'expérience et la sagesse devaient être pour l'homme le prix de ces rudes épreuves. Un moment donc, le sacerdoce, ses privations, ses obligations plus grandes encore, effrayèrent son imagination ; il aimait par dessus tout la liberté de son esprit, pour se consacrer tout entier à la science ; mais quelques réflexions sérieuses lui eurent bientôt fait comprendre ce qu'il y a de vain dans les plaisirs même les plus innocents, lorsqu'ils n'ont d'autre but que de satisfaire les désirs du cœur ; ce qu'il y a de sublime dans l'abnégation et le sacrifice, quand ils se rapportent à Dieu et au bonheur de nos semblables. Ceux qui étaient alors ses condisciples se rappellent qu'ils trouvèrent en lui l'exemple de toutes les vertus. Piété envers Dieu, respect et obéissance à ses maîtres, soumission absolue à la règle du séminaire, voilà les traits les plus saillants qu'on pouvait remarquer en lui pendant tout le temps que dura son noviciat ecclésiastique. Ces qualités, ce n'est pas assez dire, ces vertus étaient rehaussées en lui par une admirable simplicité. Arrêtons un peu nos regards, Messieurs, sur cette époque de la vie de M. Poullet ; malgré son obscurité, elle révèle à qui sait l'y voir, un mérite peu commun, aujourd'hui surtout, que la simplicité, cette précieuse et suave vertu qui devrait faire le plus bel ornement de l'adolescence et de la jeunesse, semble presque chassée de notre monde. On aime à la voir dans la première enfance, comme un amusement, comme une diversion, mais on se hâte de s'en dépouiller soi-même comme d'une faiblesse déplacée. Comparez, mes enfants, à cette existence modeste, il est vrai, mais remplie par le travail et la vertu, embellie par l'estime et l'affection de tous, celle de ces jeunes gens que vous voyez trop souvent, tout pleins de leur prétendu mérite, qui n'acceptent l'obéissance dont leur position et leur âge leur font un devoir, qu'en se réservant l'indépendance entière de leur esprit et de leur volonté ; pauvres intelligences malades plutôt que caractères mauvais ! dont le plus grand malheur est de ne pas comprendre leur mal ; et dites ensuite à qui vous devez ressembler. Aussi déplacés que soient de pareils sentiments, il faut bien le dire, Messieurs, pour ne pas s'y abandonner, les jeunes gens ont besoin d'une rectitude d'esprit bien rare, que la vertu suppléerait admirablement d'ailleurs, si elle n'était plus rare encore.

A peine M. Poullet eut-il le temps de jouir du calme heureux de cette position. Dans l'année scolaire 1827-28, il fut appelé à occuper la chaire de philosophie au Grand Séminaire de Beauvais. C'était un projet en apparence téméraire, de confier à un écolier de dix-sept ans des fonctions si importantes et si difficiles. L'enseignement de la philosophie exige, en effet, outre le talent et des connaissances spéciales, cette autorité morale qui en est souvent indépendante, et qui assure à la parole du professseur la confiance des élèves. On devait, à bon droit, se demander si le prestige d'un talent incontestable, mais encore peu connu, suffirait pour assurer le succès du maître qui, la veille encore, était élève. A un autre point de vue, n'était-il pas imprudent de livrer la destinée de jeunes intelligences à une intelligence plus jeune encore, et, dans les mille questions délicates que traite la philosophie, le professeur inexpérimenté conserverait-il toujours cette mesure discrète, qui sait tout dire en respectant tout ce qui doit être respecté : la jeunesse est hardie, imprudente même, dit-on souvent ! — La gravité précoce d'un caractère que la science et la piété semblaient avoir formé de concert, la simplicité, et, disons le mot, l'humilité du pieux ecclésiastique, répondaient à toutes ces objections ; aussi M. Poullet fut-il abandonné à son génie sous la garde de sa vertu, et son succès prouva qu'on n'avait pas trop présumé de ses forces. Il étudiait et observait dans son âme comme dans les livres , et il possédait le talent plus rare encore, de décrire les faits et d'exposer ses idées ; sa parole, toujours nette et facile, souvent pénétrante et vive, répandait la lumière sur toutes les questions ; il savait toujours se faire comprendre , j'allais presque dire se faire applaudir, car ses leçons avaient un charme particulier ; elles séduisaient par une simplicité élégante, qui n'excluait jamais ni la hauteur des vues, ni la profondeur des recherches.

Lorsque après sa promotion au sacerdoce M. Poullet échangea la chaire de philosophie contre celle de dogme, il porta dans l'enseignement de la théologie les mêmes qualités qui l'avaient distingué jusqu'alors. Il n'avait que vingt-deux ans , car il avait été ordonné prêtre en vertu de dispenses tout-à-fait spéciales, que justifiait assez un mérite universellement reconnu ; et cependant il sut, en respectant les limites qu'une autorité sacrée impose à la raison humaine, jeter un intérêt tout nouveau sur des questions aussi vieilles que le monde. Fort des inébranlables convictions de sa foi, il abordait avec confiance, et exposait avec sincérité toutes les objections que l'ignorance et les passions ont entassées depuis des siècles contre les enseignements du christianisme. Sciences physiques et naturelles, histoire et archéologie , philosophie et langues, il voulut tout étudier, afin de juger par lui-même de la force des difficultés qu'on oppose aux vérités religieuses. C'est à cette époque qu'il faut faire remonter la première idée de la *Somme du XIXe siècle*, vaste et étonnante conception, dont M. Poullet a dit lui-même qu'elle avait été le rêve de toute sa vie, ne se doutant pas alors que la mort viendrait si tôt donner une si cruelle confirmation à ses paroles ! Il commença dès ce moment l'exécution de ce projet, en inaugurant au séminaire des cours de sciences, d'abord exclusivement destinés à ses élèves ; mais la réputation de M. Poullet était telle , que ses leçons devinrent bientôt publiques ; et on vit se presser autour de sa chaire les hommes les plus distingués dans toutes les carrières. Ceux même qui avaient fait leurs preuves, qui avaient acquis le droit d'être maîtres, se faisaient élèves ; et tous recueillant avidement les paroles du jeune professeur, s'étonnaient, les uns de pénétrer des théories auxquelles ils étaient restés tout-à-fait étrangers, les autres de trouver encore à apprendre dans les sciences qu'ils connaissaient déjà.

C'était un beau spectacle dont il nous fut donné quelquefois d'être le témoin, et qui a laissé une profonde impression dans notre souvenir, que de voir des hommes, souvent opposés dans les questions les plus importantes qui puissent occuper l'intelligence, se rencontrant sur ce terrain de la science, qu'une bienveillance réciproque rendait neutre, cimenter en quelque sorte l'alliance de la religion et du savoir.

Je ne puis, Messieurs, qu'énumérer les divers travaux auxquels se livrait l'abbé Poullet. A ces occupations nombreuses qui auraient suffi pour remplir la vie de tout autre, il trouvait le temps d'associer des études d'un autre genre qui le préparaient aux grades universitaires. Ce n'est pas que le véritable talent doive attendre quelque éclat nouveau de ces titres, qui en sont tout au plus la sanction officielle ; mais aux yeux de M. Poullet ils avaient une grande importance, parce qu'ils le préparaient à l'œuvre à laquelle il allait bientôt se dévouer. Aussi ne recula-t-il devant aucune épreuve ; et après avoir conquis tous ses grades devant la Faculté des sciences, s'il s'arrêta avant son dernier triomphe à la Faculté des lettres, c'est que les préoccupations qui devaient désormais l'absorber tout entier, ne lui en laissèrent plus le loisir.

Longtemps avant d'être placé à la tête du diocèse de Beauvais, le vénérable prélat qui le gouverne avait songé à fonder une maison d'éducation, pour élever la jeunesse dans l'amour de la religion et de la science ; (qu'il nous permette de dire ici même en sa présence la part qui lui revient dans cette création) ; secondé par quelques ecclésiastiques qui partageaient sa sollicitude et son zèle, il eut bientôt fixé le lieu où devait s'ouvrir le nouvel établissement. Telle fut, il y aura bientôt douze ans, l'origine de Saint-Vincent. Tout désignait d'avance M. Poullet pour en être le fondateur. Aussi, malgré tous les motifs qui semblaient devoir le retenir dans une position où il avait déjà rendu tant de services et gagné tant d'affections, il fut envoyé à Senlis, au mois d'octobre 1836, pour ouvrir l'institution Saint-Vincent, et y installer ses premiers élèves. Ils furent d'abord peu nombreux : parce que la confiance des familles a besoin d'être conquise, et ce n'est pas nous qui leur reprocherons un excès de prudence, lorsqu'il s'agit d'un intérêt aussi important que l'éducation des enfants. Mais bientôt M. Poullet eut fait taire toutes les craintes, dissipé toutes les préventions, et la prospérité de la maison ne fut pas même compromise, lorsqu'il plut à Dieu de l'éprouver par le malheur. Des malheurs ! Messieurs, il faut s'attendre à en trouver dans l'histoire de toutes les œuvres des hommes, mais il en est quelquefois de bien cruels et qui coûtent des larmes bien amères !.... Dieu les permet pour purifier la vertu et la faire ressortir davantage. C'est dans l'adversité qu'il est donné aux âmes énergiques et fortes de révéler toute leur puissance, et vous savez comment ces tristes évènements produisirent au grand jour un dévoûment que l'obscurité du collége avait jusqu'alors dérobé aux regards. Au terme de ces angoisses et de ces déchirements, ce fut pour le cœur du maître une douce et précieuse consolation de voir tous ses enfants revenir à lui ; s'il attendait ici-bas quelque récompense de son dévoûment, c'était sans doute l'affection de ses élèves ; il fut heureux alors, et, Messieurs, qu'il nous soit permis de l'ajouter, ce bonheur il le goûte encore aujourd'hui ; fidèles à sa personne pendant sa vie, vous l'avez été à son œuvre après sa mort : grâces vous en soient rendues en son nom et au nôtre !

Ce fut après ces épreuves, que M. Poullet s'occupa d'assurer à son établissement le privilège du *plein exercice*. Il comprenait que le succès de Saint-Vincent dépendait de cette condition ; aussi ne crut-il devoir reculer devant aucun sacrifice pour assurer le succès de ses démarches ; grâce à la persévérance de ses efforts, il réussit, et, dès ce jour, l'Institution Saint-Vincent fut définitivement fondée, et, dès ce jour aussi, M. Poullet, débarrassé des occupations extérieures, se livra tout entier aux soins que réclame la direction d'une maison d'éducation.

Il faut l'avoir vu à l'œuvre, Messieurs, pour se faire une idée du dévoûment avec lequel il s'y consacrait ; il faut en avoir fait l'expérience pour comprendre quel est le prix de ce dévoûment. Comme il le disait lui-même dans une circonstance semblable à celle qui nous réunit aujourd'hui : « L'éducation ne se fait pas en masse, de haut et de loin. » Dresser des enfants à la discipline, les accoutumer à l'ordre extérieur, c'est beaucoup sans doute, mais ce n'est pas l'éducation ; leur enseigner du grec et du latin, leur faire admirer tout ce que nous a laissé de beau l'antiquité, c'est le moyen de développer en eux l'intelligence et le goût, mais ce n'est pas l'éducation ; leur apprendre même des théories morales, disserter devant eux sur le vice et la vertu, c'est, sans doute, éclairer l'esprit, lui montrer la voie qu'il doit suivre, mais ce n'est pas encore là l'éducation. Eh! mon Dieu! pour qui connaît le caractère de l'enfant et ses vicissitudes, celui même de l'adolescent et du jeune homme, est-il difficile de comprendre que des natures faibles, inconstantes, inexpérimentées, aient besoin de soins assidus, minutieux, qui demandent toute la sollicitude d'un père, je dirai plus, d'une mère. Faites des règlements, à la bonne heure ; veillez à leur exécution, il le faut. Distribuez à ces jeunes intelligences la science aussi profonde, aussi large que possible, c'est votre devoir ; enseignez-leur ce qu'ils doivent faire, c'est une condition nécessaire de l'éducation ; mais ne vous bornez pas à ces choses toujours faciles : sachez vous mêler à ces enfants qui vous sont confiés pour suivre progressivement le développement de leur âme; surprenez dans ces rapports de chaque instant les penchants de leur cœur et de leur caractère; associez-vous à leurs jeux, intéressez-vous à leurs progrès, afin de gagner leur confiance, et alors, fort de cette autorité que donne l'affection, vous pourrez travailler d'une manière utile à leur éducation. Ces théories, si toutefois ce sont des théories, ne sont pas nôtres, Messieurs; je ne fais que répéter ici bien imparfaitement quelques-unes des pensées que vous entendiez chaque année développer avec tant d'éloquence, dans ces admirables discours qui étaient alors le plus bel ornement de nos solennités classiques, et qu'on pourrait appeler le Code de l'éducation, car toutes les questions véritablement importantes y sont traitées avec cette finesse de pensées et ce charme de style dont seul M. Poullet avait le secret. Combien de fois ne les avez-vous pas applaudies dans sa bouche, surtout en pensant que ses paroles n'étaient que le récit sincère de ce qu'il faisait, et qu'en exposant les devoirs du maître parfait, sans le vouloir, il racontait sa propre vie. Vous le savez plus que d'autres, vous, mes enfants, qui avez été l'objet de sa sollicitude et de son affection. Qui posséda plus que lui ce talent si rare qui sait mériter la confiance la plus entière sans perdre le respect? Vous le voyiez prendre part à tous vos exercices, vous suivre avec une vigilance inquiète dans toutes les circonstances de votre journée; rien ne lui paraissait petit de ce qui pouvait contribuer à vos progrès ou à votre bonheur. Combien de fois ne l'avez-vous pas admiré lorsqu'il remplissait auprès de vous les fonctions du plus modeste, du dernier d'entre nous, avec la même simplicité, la même sérénité d'esprit et de visage qu'il savait mettre à tout ce qu'il faisait; et cependant il aurait pu, quelques-uns même disaient qu'il aurait dû, abandonnant à d'autres ces soins ordinaires et faciles, se réserver pour les grands travaux de l'esprit auxquels le conviait sa nature élevée. S'il eût écouté ces conseils, peut-être n'aurions-nous pas aujourd'hui à pleurer sur sa tombe; mais aussi il ne vous aurait pas laissé à vous, mes enfants, des preuves d'une si touchante affection, et à nous, héritiers de son œuvre, des leçons d'un si beau dévoûment, qui seraient un jour notre condamnation, si nous étions jamais infidèles à ses traditions et à ses exemples.

Au milieu même de ces préoccupations qui ne lui laissaient pas un instant de repos, M. Poullet trouvait du temps pour des travaux scientifiques ou littéraires auxquels il ne renonça jamais entièrement. Il voulait, vous le savez déjà, en coordonnant les nombreuses connaissances qu'il avait amassées, élever en l'honneur de la religion un monument gigantesque, et démontrer que, loin de lui être contraires, les sciences et les arts apportent un hommage de plus à son indestructible vérité. Il faudrait remonter loin dans l'histoire des siècles pour trouver l'idée d'un pareil travail. Le génie le plus puissant du moyen-âge ne put en achever la réalisation, quoique son plan fût moins vaste, et cependant la *Somme de saint Thomas* est un monument unique dans les œuvres de l'esprit humain. Au XVIIe siècle, un philosophe, dont on a dit que le génie était effrayant, avait conçu la pensée d'un ouvrage qui avait le même but, et les *Pensées* de Pascal, que la critique se dispute aujourd'hui, restent comme pour prouver seulement l'éternelle vanité des efforts de l'homme. Il y a, Messieurs, dans ce spectacle, quelque chose de profondément triste, et on ne peut penser sans douleur à ces projets, à ces espérances, que la mort vient toujours convaincre d'illusion. Mais il est beau d'oser, et déjà M. Poullet, après avoir réclamé le concours des hommes de science et de foi, avait préparé lui-même de nombreux matériaux. Vains efforts! l'œuvre restera à jamais incomplète, semblable à ces édifices inachevés qui font aujourd'hui notre admiration et notre orgueil, et que les siècles antérieurs nous ont légués comme un superbe défi jeté à notre impuissance et à notre faiblesse.

Dirons-nous ici que M. Poullet prit part aux discussions sur l'éducation, qui ont signalé ces dernières années? Loin de nous la pensée de vouloir initier de trop bonne heure de jeunes intelligences à ces luttes qui ne les attendent que trop tôt, dans une société où toutes les idées se mêlent, où toutes les opinions se heurtent; mais nous pouvons bien rappeler ici, pour leur instruction et pour la nôtre, que sans rien sacrifier jamais de ses convictions, M. Poullet porta toujours dans la polémique ces formes graves et polies, que se doivent réciproquement les hommes sérieux, lorsqu'ils sont sincères. Vous aurez peut-être un jour des systèmes à défendre, mes enfants, je ne vous le souhaite pas; mais vous avez aujourd'hui, vous aurez toujours des convictions et des principes. Il faut vous attendre à rencontrer des adversaires. Ces adversaires, vous les combattrez, c'est pour vous un devoir; le trahir serait de votre part une lâcheté et souvent une apostasie. Aujourd'hui comme toujours, le bien, le vrai, le beau, toutes ces grandes choses, en un mot, que vous avez appris à croire et à aimer, n'obtiennent qu'au prix de la lutte et d'une lutte souvent pénible, l'empire sur les hommes. Mais aussi, hâtons-nous de le dire, aujourd'hui plus que jamais peut-être, il est facile à chacun de suivre les inspirations de sa conscience et de son cœur, avec cette noble indépendance, dont tous savent respecter la sincérité et le courage. Soyez donc toujours prêts à défendre les droits imprescriptibles de la vérité et de la vertu, *in necessariis unitas;* mais, en poursuivant de toute l'énergie de votre âme l'erreur et le mensonge, n'oubliez pas qu'il est une foule de questions dont la Providence s'est réservé le secret, et qu'elle a abandonnées aux discussions des hommes, *in dubiis libertas.* N'oubliez surtout jamais que, quelles que soient les opinions et même la mauvaise foi des autres, vous leur devez la charité, parce qu'ils sont vos frères, *in omnibus caritas*, et faites qu'on puisse dire de vous, comme on l'a dit de M. Poullet, qu'en combattant ses adversaires, il savait s'en faire des amis.

D'ailleurs, répétons-le encore, ce n'était que dans de rares circonstances, et lorsque sa conscience lui en faisait un impérieux devoir, que M. Poullet consentait à sortir pour un moment de l'obscurité du collège. Orateur, il aurait pu illustrer la chaire chrétienne ; mais satisfait du bien qu'il faisait dans sa maison, auquel ne se mêlait aucun bruit de vaine gloire, il se faisait rarement entendre dans les églises de nos cités, où son talent attirait une foule nombreuse et enthousiaste. Il aurait pu, en écoutant les désirs d'une ambition légitime, puisqu'elle avait la gloire de la religion pour objet, trouver pour son talent un théâtre plus digne ; mais il s'était dit qu'il vivrait, qu'il mourrait au milieu de ses enfants, et les instances les plus pressantes et les plus honorables pour lui, ne purent jamais le séparer de cette famille qu'il s'était choisie. Auprès d'elle il était heureux, et jamais le moindre regret, le moindre désir ne vint troubler la sérénité de son esprit. Toujours aimable et bienveillant, il accueillait ceux qui venaient le trouver avec cette simplicité qui relève tant le mérite, et il savait se mettre à la portée de tous avec un abandon si naturel, que souvent on a pu dire qu'il paraissait exclusivement occupé d'être agréable aux autres. C'est là ce qui explique, plus encore que ses talents, comment, dans une existence si modeste, et, hélas ! si courte, il put compter de si nombreuses et de si honorables amitiés.

Ainsi s'écoulait, Messieurs, pleine et admirée de tous, cette vie que tant de fatigues et tant de dévoûment devaient abréger, lorsqu'à la fin de la dernière année scolaire, M. Poullet partit pour visiter la terre d'Afrique, consacrée par de si grands et de si beaux souvenirs. Chrétien et savant, il voulait aller interroger par lui-même les monuments de cette église antique, illustrée par St-Augustin ; il voulait demander à une nature qu'il ne connaissait pas encore, des secrets nouveaux..... Pieux pèlerinage de science et de foi ! que nous n'avons pas le courage de louer, car vous savez, Messieurs, quel en fut le triste et cruel résultat. Ah ! permettez à notre douleur de ne pas vous raconter ces derniers moments si amers pour notre âme, où nous voulions encore espérer contre toute espérance, tant il nous semblait qu'une vie si précieuse, si nécessaire même, devait être respectée par la mort !

Que nous reste-t-il aujourd'hui, Messieurs ? D'abord à tous de hautes et religieuses espérances, car nous avons la confiance qu'après une vie si pure et si sainte il jouit maintenant de la seule récompense qui pût dignement couronner tant de vertus. A tous, aussi, de grands, de difficiles devoirs. A nous le soin de conserver précieusement les traditions que M. Poullet a fondées dans cette maison. A nous de suivre les exemples de son dévoûment et de son courage; et à vous, mes enfants, le devoir de vous montrer dignes de celui qui fut votre maître et votre père. Vous surtout, qui êtes les aînés de la famille, vous, qu'aujourd'hui encore, nous pouvons appeler nos élèves, et que toujours nous compterons parmi nos amis, vous vous estimez sans doute heureux d'avoir été formés par de telles mains, mais rappelez-vous que, dans ce monde où vous allez entrer, vous ne devez pas seulement à sa mémoire l'hommage de votre reconnaissance et de votre affection ; vous devez, par des sentiments et par une conduite dignes de jeunes gens chrétiens et sérieux, faire de votre maître, devant ceux qui ne l'auraient pas connu, le plus bel éloge que la vertu puisse espérer ici-bas. Ne rougissez donc jamais des leçons qu'il vous a données. Ah ! que tant d'efforts ne soient pas stériles. Si vous deviez, oubliant des conseils qui ont reçu aujourd'hui la consé-cration de la mort, augmenter le nombre de ces jeunes gens frivoles et légers, qui mettent leur gloire à fronder tout ce qui mérite le res-pect, à aimer ce qu'ils devraient mépriser, n'auriez vous pas à vous re-procher d'avoir rendu inutile une vie si dévouée; et cette mort, que je pourrais appeler un martyre, pèserait sur votre conscience comme un éternel remords. Il n'en sera pas ainsi, mes chers enfants, permettez-nous cette espérance, que nous sollicitons nous-mêmes comme la plus précieuse consolation. Un jour, lorsque vous reviendrez dans cette maison, où il vous fut donné d'admirer ses exemples, et d'en-tendre ses conseils, si vous ne le trouvez plus lui-même, vous y retrou-verez toujours, j'espère, l'esprit qu'il y a implanté; et aussi, — pourquoi ne vous confierais-je pas nos projets et nos espérances ? — vous y verrez son tombeau, car nous avons besoin de posséder ses cendres sous notre toit, comme une protection, comme un appui. Là, sur la pierre qui couvrira ses restes, vous entendrez, dans le recueillement de la prière, cette voix amie qui vous rappellera vos devoirs. Là, aussi, nous tous qui restons, maîtres et élèves, nous irons puiser la force et le courage, dont tous nous avons besoin, pour remplir ici-bas notre œuvre.

CH. DURIEZ, imp. à Senlis.

www.ingramcontent.com/pod-product-compliance
Lightning Source LLC
Chambersburg PA
CBHW051450060726

47596CB00006B/2707